Ejercicios de Ortografía 6 PRIMARIA

Complementos escolares

LAROUSSE

Dirección editorial
Tomás García Cerezo

Editor responsable
Sergio Ávila Figueroa

Redacción
María Luisa Moreno Sánchez y América Martínez Frausto

Ilustraciones
César Manuel López Pérez

Formación
Yaneth Érika Mora Cerón y Estudio Creativos

Portada
Ediciones Larousse, S.A. de C.V., con la colaboración de Estudio Creativos

Edición ténica y preprensa
Javier Cadena Contreras

D.R. © MMXIX Ediciones Larousse, S.A. de C.V. Renacimiento 180,
Col. San Juan Tlihuaca, Azcapotzalco,
Ciudad de México, C.P. 02400.

ISBN: 978-607-21-2118-8

ISBN de colección: 978-607-21-146-30

Primera edición - Tercera reimpresión

Esta obra se terminó de imprimir en enero de 2023
en los talleres de Compañía Editorial Ultra, S.A. de C.V.
Centeno 162-2, Col. Granjas Esmeralda, C.P. 09810, Ciudad de México.

Todos los derechos reservados conforme a la ley.
Queda estrictamente prohibida su reproducción por cualquier medio mecánico o electrónico conocido y por conocerse, sin la autorización escrita del titular del copyright. Las características de esta edición, así como su contenido, son propiedad de Ediciones Larousse, S.A. de C.V. Larousse y el logotipo Larousse son marcas registradas de Larousse, S.A. 21 Rue du Montparnasse, 75298 París Cedex 06.
Impreso en México – *Printed in Mexico*

Presentación

Este libro está organizado para ayudarte a mejorar aspectos importantes y básicos de la escritura: conocer y utilizar las normas para el uso correcto de las letras (grafías), emplear con propiedad los signos de puntuación y, finalmente, ampliar el vocabulario para evitar el problema de no saber cómo decir lo que necesitas expresar.

La ortografía se aprende mejor si tiene una finalidad; esto es, si se usa y se analiza en diversos textos. Por eso, en este libro las normas para el uso de grafías y signos de puntuación se presentan en ejemplos de estudio breves y fáciles de comprender. Además, para apoyar y consolidar tus aprendizajes, encontrarás esas reglas enunciadas de una manera sencilla, en recuadros colocados al centro de las páginas de tu libro.

De igual manera, encontrarás datos curiosos o que amplían tus aprendizajes en recuadros a la derecha de las actividades.

Este libro está organizado para que puedas estudiarlo y resolverlo durante el año escolar. A lo largo del mismo encontrarás las siguientes secciones:

Observa

Esta sección sólo pide de ti una cosa: que te diviertas con juegos que desarrollarán tu habilidad para observar.

Si miras con cuidado, descubrirás si una palabra se escribe con z, con s o con c, o si en una oración se colocó una coma o un punto. Esta habilidad te servirá para revisar y corregir tus escritos.

El mundo de las letras

La sección inicia con una lectura en la que se presenta la dificultad ortográfica que vas a estudiar. En lugar de que aprendas primero una regla, se te muestra cómo se emplean las grafías, las mayúsculas o los acentos para que después realices actividades que te ayudarán a descubrir esa norma.

Los signos de puntuación

La lengua escrita no cuenta con todos los recursos de la lengua hablada, como el tono, el volumen o el énfasis. Este problema se soluciona con el uso correcto de los signos de puntuación.

A partir del análisis de su uso, estarás en condiciones de emplearlo en tus escritos para darles la intención que deseas y para que todos puedan comprender tu mensaje.

Índice

- Escribir para aprender 6
- Del noroeste al sureste: mayos y mayas. 14
- Juegos de palabras 22
- Pepe y la revolución ortográfica 30
- La pandilla *Travesuras* aprende y descubre 38
- Animales en peligro de extinción 46
- El origen de las palabras 54
- Relojes y alhajas 62
- Los horóscopos y la ortografía 70
- Viaje a través del tiempo 78

Reglas ortográficas 86

Escribir para aprender

Observa

1. Mira con atención las ilustraciones. Encuentra las seis diferencias y enciérralas en un círculo.

El mundo de las letras:
Verbos terminados en -bir

1 Lee en voz alta el texto.

La ranita escritora

Un día, en un lejano charco, dos ranas platicaban acerca de cómo una de ellas se había convertido en gran escritora. Marbella era su nombre. Ella comentaba que cuando tenía doce años sufría por no sentirse querida y comenzó a escribir su diario; empezó a describir en hojas caídas de árbol todo lo que le ocurría.

Al percibir que era muy bonito lo que sentía y pensaba, decidió escribir no sólo para ella, sino para los demás animales. Así, su fama como escritora empezó a subir y subir.

Nadie pudo prohibir que esta ranita tan audaz escribiera sobre lo que más le gustaba: el amor.

2 Observa las palabras del siguiente cuadro, localízalas en el texto anterior y subráyalas.

| subir | percibir | escribir | prohibir | describir |

3 Completa la familia de las siguientes palabras.

exhibir	exhi_bi_ción	exhi_bi_do	exhi_bi_mos
recibir	reci_bi_dor	reci_bi_ré	reci_bi_mos
escribir	escri_bi_rían	escri_bi_ente	escri_ba_amos

4 Construye una oración con cada uno de los siguientes verbos. Las ilustraciones te pueden dar una idea.

subir
Yo voy a subir las escaleras hoy

recibir
Yo voy a recibir dinero hoy

describir
La maestra nos pidió describir un cuadro.

¿Cuál es la terminación de los verbos que hasta aquí has trabajado?
_____

5 La ranita Marbella reunió los siguientes verbos para una historia que quiere escribir. Relaciona las columnas con líneas según corresponda. En la primera aparecen algunos verbos conjugados en presente y en la segunda los mismos, pero terminados en *-bir*.

Verbo en presente	Verbo terminado en *-bir*
prohíbe	transcribir
sube	prescribir
inhibe	recibir
escribe	suscribir
transcribe	inscribir
prescribe	inhibir
inscribe	escribir
recibe	describir
describe	subir
suscribe	prohibir

Recuerda: las palabras terminadas en *-bir* se escriben con **b**, excepto *vivir, servir* y *hervir*, pues éstas se escriben con **v**.

6 Lee las oraciones en las que la ranita Marbella ya usó los verbos. Escribe los que faltan tomándolos de la lista anterior.

El rey _____ a la rana que cante por las noches.

Se le tuvo que _____ a la rana Marbella cantar por las noches.

La rana Marbella _____ al castillo de la princesa.

La rana Marbella tuvo que _____ al castillo de la princesa.

La rana, muy triste, _____ sus pensamientos en hojas de árbol caídas.

La rana piensa _____ sus pensamientos en hojas de árbol caídas.

La rana rey _____ que en todo su reino se lea y escriba poesía.

_____ que en todo el reino se lea y escriba poesía es una fantasía.

La rana Marbella se _____ rápidamente para el concurso de poesía.

Para poder participar en el concurso de poesía, primero Marbella se tuvo que _____.

La rana Marbella _____ un premio de poesía.

Marbella se prepara para _____ un premio de poesía.

El mundo de las letras:
Verbos terminados en *-ervar* y *-olver*

1 Lee la entrevista.

La ranita da a conocer algunos detalles de su vida. Leamos lo que este singular personaje nos quiere informar.

—¡Eres una gran escritora! Ranita Marbella, a tu corta edad ya has publicado muchos libros, todas las ranitas del estanque buscan leerte y descubrir ese mundo maravilloso de las letras en el que vives y que nos compartes. Gracias por tu tiempo para esta entrevista.

—Gracias a todos ustedes por leer mis historias y compartir mis sentimientos.

—Marbella, ¿para qué escribir?

—Para conservar siempre las ideas. Tú puedes escribir ahora un texto sobre algo y, después de unos años, al volver a leerlo, encontrarte con tus ideas y observar si has cambiado o sigues pensando igual. También escribo para no olvidar los sucesos más importantes de mi vida, para preservar mi esencia de ranita.

—¿Cómo es posible escribir?

—Es muy importante no revolver las ideas. Yo creo que no hay recetas: todos podemos escribir. Todos nos podemos desenvolver en el mundo de las letras; para mí es importante la habilidad de observar, describir y preguntar.

—¿Escribes todo lo que vives?

—¡Claro que no!, hay cosas que te quieres reservar. Pero lo que quieres compartir lo lanzas al océano de las palabras; además, cada vez que alguien te lee se produce el milagro de la comunicación.

—Gracias por tus palabras, Marbella, el tiempo se nos acabó.

—Gracias por tus preguntas, que siempre me enriquecen; espero volver a platicar contigo.

2 En la entrevista anterior subraya las palabras que terminen en *-ervar* y *-olver;* después escríbelas sobre las líneas.

_____

_____

3 Elige dos de las palabras anteriores y construye una oración o una frase.

_____

4 Las siguientes oraciones son citas de la ranita Marbella y se publicarán en un periódico, en la sección "Palabras para pensar", pero están incompletas. Escribe las palabras que completen las citas. Elígelas del recuadro que aparece a continuación.

| revolver | volver | observar | conservar |

"Para aprender hay que saber _____, describir y preguntar."

"Para saber quién eres, debes _____ los recuerdos sin dolor."

"Si alguna vez te pierdes en la vida, hay que _____ los pasos hacia atrás."

"La vida es más hermosa al _____ colores, olores, sabores y miles de sensaciones en diversas tonalidades."

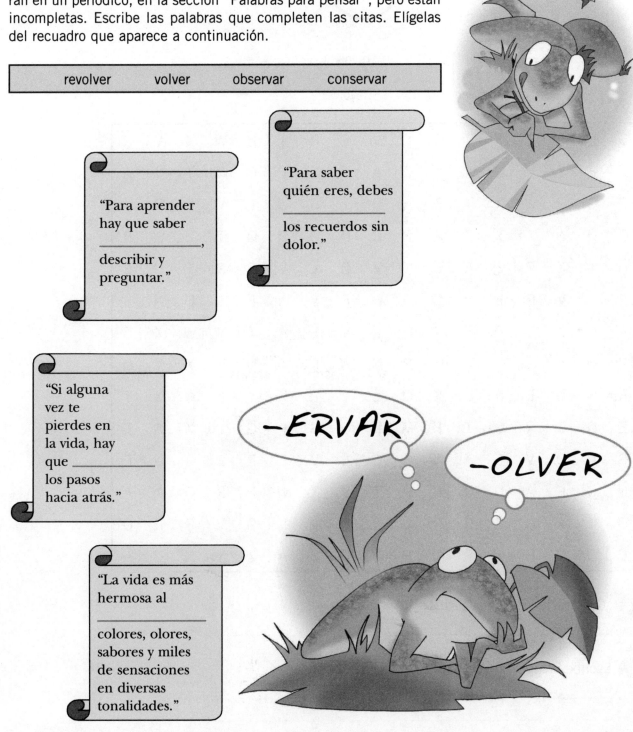

5 Fíjate muy bien e intenta resolver esta sopa de letras. Encuentra las siguientes palabras.

resolver	conservar
observar	enervar
envolver	absolver
reservar	resolver
volver	disolver
preservar	revolver
desenvolver	devolver

D	E	S	E	N	V	O	L	V	E	R	T	U	W	X	Y	R
E	F	T	U	W	X	Y	Z	A	B	E	F	G	H	I	J	A
F	G	U	W	X	Y	Z	A	D	I	S	O	L	V	E	R	V
G	H	W	X	Y	Z	A	B	C	D	O	P	Q	T	U	W	R
H	I	X	P	Z	A	E	N	V	O	L	V	E	R	T	U	E
R	A	V	R	E	N	E	O	W	P	V	W	F	A	U	W	S
A	K	Z	E	D	E	V	O	L	V	E	R	T	V	W	X	B
V	M	A	S	E	F	W	P	M	W	R	T	U	R	X	Y	O
R	N	B	E	R	E	S	O	L	V	E	R	Y	E	W	X	Y
E	O	C	R	S	T	F	M	P	O	S	F	G	S	X	A	E
S	P	D	V	E	A	B	S	O	L	V	E	R	E	E	U	E
N	Q	E	A	U	C	B	P	T	V	X	W	F	R	O	I	A
O	T	F	R	G	C	D	U	R	E	V	L	O	V	E	R	O
C	U	G	H	W	E	D	P	V	R	B	A	Z	Y	H	U	A

6 ¿Qué descubriste en las palabras terminadas en *-olver* y *-ervar*?

_____

7 Escribe la regla que descubriste para que no la olvides.

_____

12

Los signos de puntuación:
Dos puntos (:) para conectar oraciones

Marbella ha extraído algunos textos de sus libros para aclarar el uso de los dos puntos. Observa en qué momento los utiliza en su obra.

1 Relaciona correctamente las columnas y únelas con una línea; después comparte tus respuestas con un compañero.

La rana se ha quedado sin su charca: no podrá nadar ni croar por las noches.	Uso dos puntos (:) cuando enuncio una causa y su consecuencia.
Las ranas croaron toda la noche: los vecinos no pudieron dormir por su escandaloso canto.	Uso dos puntos (:) cuando verifico o explico la idea anterior.
En su estado adulto, las ranas son animales carnívoros, su alimentanción consiste en: larvas de mosquito, pulgas de agua, lombrices, así como grillos, polillas, etcétera.	Uso dos puntos (:) cuando trato de dar una conclusión o resumen de una idea anterior.

2 ¿Recuerdas el uso de los dos puntos? Ayuda a Marbella a completar las siguientes oraciones usándolos. Observa las ilustraciones.

Las ranas están por todas partes en el bosque inundado:
_____
_____
_____

Las ranas se mantenían firmes en la necesidad de obtener un rey:
_____
_____
_____

La ciénaga era un paraíso repleto de insectos jugosos y sabrosos:
_____
_____
_____

Del noroeste al sureste: mayos y mayas

Observa

1 Une con una línea los elementos que corresponden a las regiones iluminadas en el mapa.

2 Responde las siguientes preguntas.

¿Cuáles puntos cardinales faltan en la rosa de los vientos? Utiliza las abreviaturas y escríbelas en el punto cardinal que corresponda.

Norte	N	Oeste	O	Sureste	SE
Sur	S	Noreste	NE	Suroeste	SO
Este	E	Noroeste	NO		

¿Qué estados de la República pertenecen al noroeste?
_____
_____

¿Qué entidades se encuentran al sureste de México?
_____
_____

14

El mundo de las letras:
Uso de *y* en palabras que inician con *may-*

1 Lee el texto.

La mayordomía

Una de las tradiciones más arraigadas en los pueblos mexicanos, que se da tanto entre los mayos, en el norte del país, como entre los mayas, en Yucatán, es la mayordomía.

La mayordomía es un cargo de tipo religioso que se le da a una persona para organizar y administrar las fiestas patronales de un pueblo. El mayordomo siempre es un jefe de familia elegido por la mayoría del pueblo, para ejercer su cargo por un año.

Este cargo de mayordomo es un gran honor y responsabilidad no sólo para el padre encargado, sino para toda la familia, que debe trabajar arduamente para llevar a cabo una fiesta patronal mejor que la anterior.

2 De acuerdo con el texto, ¿qué función ejerce un mayordomo?
_____
_____

3 Subraya en el texto que leíste las palabras que inicien con la partícula *may-* y escríbelas sobre las líneas.

_____   _____
_____   _____
_____   _____

4 Observa las palabras anteriores y subraya con color las tres primeras letras con que inicia cada una. Responde las siguientes preguntas:

¿Con qué letras inician las palabras? _____

5 Completa el recuadro.

Se escriben con **y** todas las palabras que inician con la partícula _____.

Por ejemplo:
_____
_____
_____
_____
_____

15

6 Consulta tu diccionario o enciclopedia y escribe seis palabras que inicien con la partícula *may-*.

_____   _____
_____   _____
_____   _____

7 Escribe una oración con cada una de las palabras anteriores.

_____
_____
_____
_____
_____
_____

8 Resuelve la sopa de letras.

maya   mayúscula   mayonesa   mayordomo   mayor   mayoría

```
M A Y O R D O M O X A B
A B Z P S E P A P Y B C
Y C A Q T M A Y O R I A
U D B R U A B O P S J B
S E C S V Y C N Q T K C
C F D T W A D E R U L D
U Y T U A T J S P Z K O
L H F V Y C M A Y O R F
A I G W Z D U I Y O R G
```

Es importante distinguir entre **maya** y **malla**, la primera es un grupo indígena; la segunda, una prenda de vestir o un tipo de tejido.

9 Utiliza las siguientes palabras para completar el texto del recuadro.

mayos   mayores   mayo   Mayté

Mi hermana _____ y su grupo de voluntarias participarán en las jornadas por la salud de los _____ en el norte de Sinaloa. Asistirá a estas jornadas en el mes de _____ y busca cumplir uno de sus _____ anhelos: conocer las prácticas de medicina tradicional entre los grupos indígenas.

Los mayos se autodenominan yoremes, que significa "el que respeta la tradición", y viven en el sur de Sonora, así como en el norte de Sinaloa.

10 Escribe cuál es uno de tus mayores anhelos.

_____
_____
_____
_____

El mundo de las letras:
Uso de *b*: sufijo *-bilidad*

1 Lee el texto.

Mayté comparte sus experiencias

Cuando visité las comunidades de los mayos, en Sinaloa, descubrí la <u>amabilidad</u> de esta gente; su buena disposición para compartir lo que saben me obligó a despertar mi <u>sensibilidad</u> para fijarme en todos los detalles.

La medicina tradicional es tan importante en este grupo que he buscado la <u>posibilidad</u> de generar recursos económicos que contribuyan a mantener sus jardines botánicos, que son lugares exclusivos para la conservación de plantas medicinales en peligro de extinción.

Creo que es una <u>responsabilidad</u> de todos los mexicanos contribuir al apoyo de nuestros grupos indígenas y sus prácticas tradicionales.

2 Responde las preguntas.

¿Qué grupos indígenas conoces?
_____

¿Crees que es importante apoyar la preservación de los grupos indígenas y sus tradiciones?
_____

¿De qué manera los apoyarías?
_____

3 Copia las palabras subrayadas en el testimonio de Mayté y escribe el adjetivo del cual derivan. Fíjate en el ejemplo.

amabilidad	amable
_____	_____
_____	_____
_____	_____

4 Utiliza el sufijo *-bilidad* para convertir los siguientes adjetivos en sustantivos. Fíjate en el ejemplo.

amable	amabilidad
contable	_____
corresponsable	_____
flexible	_____
adaptable	_____
irritable	_____

5 Emplea los sustantivos anteriores para completar los siguientes enunciados.

Evita la _____, sé más cuidadoso y organiza tu _____ con oportunidad.

La _____ de tu carácter te dará la oportunidad de vivir en condiciones de _____.

La _____ es la responsabilidad compartida entre dos o más personas.

Algunos animales tienen _____ para sobrevivir en distintos ambientes naturales.

Nuestros ojos presentan _____ cuando en el aire hay mucho esmog.

> Se escriben con **b** todas las palabras que terminan con el sufijo *-bilidad*, excepto *civilidad* y *movilidad*.

6 Consulta en un diccionario el significado de las siguientes palabras: *infalibilidad, maleabilidad, morbilidad* y escríbelo sobre las líneas.

_____
_____
_____
_____

7 Escribe un texto en el que utilices las palabras anteriores.

_____
_____
_____

8 Reúnete con un compañero para que intercambien sus escritos.

Los signos de puntuación:
El guion corto (-) con función de enlace

1 Lee las siguientes oraciones y encierra con color los guiones que encuentres.

El pueblo de los mayos-yoremes practica la medicina tradicional como una forma de enriquecer su espiritualidad.

Durante la Revolución mexicana (1910-1927), los mayos se sumaron a la campaña del general Álvaro Obregón con el fin de recuperar sus tierras.

Para llegar a Guasave, Mayté hizo el recorrido México-Culiacán vía aérea y el resto en transporte terrestre.

Mayapán fue una ciudad fundada por el grupo maya-cocom, portador de lo que se ha dado en llamar "la cultura maya-tolteca".

Mayapán fue la ciudad más importante de la civilización maya en el periodo 1250-1450.

2 Escribe las palabras o números que llevan guiones intermedios.

_____   _____   _____

_____   _____   _____

3 ¿Qué función cumplen los guiones en cada uno de los pares de palabras o cifras que escribiste?

_____
_____
_____

> Gran parte de la población actual de Yucatán, Campeche y Quintana Roo habla en lengua maya.

> Se usa el **guion corto** (-) para señalar un intervalo de tiempo y en los compuestos de dos o más palabras.

4 ¿En qué tipo de textos has visto el uso del guion corto con valor de enlace?

_____
_____
_____

5 Lee el texto.

Mayté amplió su relato y dio más detalles sobre su visita a la comunidad Zapotillo, en Sinaloa:

"Los mayos-yoremes son gente muy festiva, celebran el Pascola, que es un evento donde se reúnen diversas manifestaciones artísticas: la danza y la música; la narrativa oral y la comedia. Su música se compone de sonidos de tambores, sonajas, arpa, guitarras, violines y sus propias voces.

"Las danzas y los rituales que realizan tienen relación con la dualidad Sol-Luna, así como con diversos fenómenos de la naturaleza como el rayo y el trueno."

6 Encuentra en el texto la referencia que se hace a las siguientes palabras y escríbelas.

danza-música _____
narrativa-comedia _____
danzas-rituales _____
rayo-trueno _____

> Pascola deriva de *pahko* ("fiesta") y de su organizador *pahko ́ola* ("viejo de la fiesta"). El pascola es danzante, anfitrión y orador del evento.

> Se usa el **guión corto** (-) en lugar de la conjunción **y**: *Sol-Luna, amor-odio, actividad-descanso*.

7 Conoce algunas palabras de la lengua mayo-yoreme.

tascari → tortilla   tabo → conejo
tótori → gallina   chúu → perro
cuchu → pescado   cuchulero → pescador

8 Utiliza el guión corto para formar parejas de palabras. Fíjate en el ejemplo.
Tascari-tótori: "taco de guisado de gallina".

_____
_____
_____
_____

9 Ilustra con un dibujo la combinación de algunas palabras que acabas de formar.

10 Une con una línea la combinación correcta de las palabras que aparecen en la columna de la izquierda.

francés e inglés	técnico-administrativo
italiano y alemán	anglo-francés
guerra entre españoles y portugueses	ítalo-germano
	guerra hispano-portuguesa
teoría y práctica	teórico-práctico
técnico y administración	

> En los compuestos de dos o más palabras existen algunas modificaciones en las letras o las palabras, por ejemplo: *ítalo-germano; teórico-práctico.*

11 Observa la imagen de la derecha y lee el texto que aparece a continuación.

Después de mirarse detenidamente al espejo, Valeria decidió escribir el siguiente texto.

```
                    Valeria
              (1995-        )
   Soy cari-blanca, con cabello semi-largo; soy oji-verde con cejas
   semi-pobladas. Mis labios son roji-delgados y tengo pestañas
   largui-rizadas. Me gustan los choco-amargos que se llaman
   "caprichos" y mi pasa tiempo favorito es chatea-divertirme todas
   las tardes.
```

12 Inventa palabras compuestas que te permitan usar el guión y descríbete como lo hizo Valeria.

13 Reúnete con varios compañeros y compartan sus descripciones, después lean en la clase alguna que les haya llamado más la atención y escríbanla en las siguientes líneas.

Juegos de palabras

Observa

1 Mira los textos de los carteles con atención. Encuentra las diferencias y enciérralas en círculos.

Tu
Puedes ser el protagonista de una super historia

INSCRIBETE

¡Y no lo dejes pasar!
Es tu ultima oportunidad
de ser
el mejor alumno de 6to grado

Tú
Puedes ser el protagonista de una súper historia

INSCRÍBETE

¡Y no la dejes pasar!
Es tu última oportunidad
de ser...
El mejor alumno de 6o. grado

2 ¿Cuántas diferencias encontraste?
_____

El mundo de las letras:
Uso de *v*: *-voro*, *-vora* al final de palabra

1 Lee el texto.

En lo profundo de la selva

Había una vez un león y un puma que vivían en una extensa selva. Todos los animales compartían el hermoso lugar, el agua, los árboles y los refugios.

Un día el león y el puma, feroces carnívoros, discutieron. El puma decía que era el animal más veloz, mientras que el león aseguraba que era el rey de la selva. Esto enojó mucho al puma, que desafió al león a un juego de futbol. Cada uno debía formar su equipo con cinco jugadores y un portero.

El león invitó a la jirafa, la iguana y la cebra, que son herbívoras empedernidas; a un mono omnívoro y, para la portería, a un búho carnívoro. En cambio, el puma llamó a un guepardo, un tigre y un leopardo, conocidos carnívoros; un yacaré herbívoro sano y un ganso piscívoro en la portería. Eran las tres de la tarde cuando terminaron de formar los equipos. A las cuatro comenzó el partido. La tribuna estaba repleta y había lobos, arañas, pumas, leones, búhos, iguanas, ranas, en fin, todos los animales de la selva, carnívoros, herbívoros, omnívoros, piscívoros e insectívoros, unidos por un deporte.

El juego fue emocionante y la tribuna estaba enloquecida. El equipo del puma venció por 3 goles a 2 al equipo del león. El rey de la selva felicitó al puma por el gran partido jugado. Y ante la mirada de la ruidosa tribuna se comprometieron a no discutir más y compartir los lugares de la selva.

2 Subraya las palabras del texto anterior que terminan en *-voro(s)* o *-vora(s)* y escríbelas a continuación.

_____ _____ _____
_____ _____ _____
_____ _____
_____

3 Los animales de la selva tienen un serio problema porque no saben cómo clasificarse según su alimentación. Algunos decían que se clasifican en comedores y tragadores, otros en mamíferos y carnívoros, y algunos acertaron a decir que los había omnívoros, carnívoros y herbívoros.

Ayúdalos a organizarse. Relaciona al animal con el grupo al cual pertenece de acuerdo con su alimentación. Al final, subraya las terminaciones -voro o -vora.

insectívoro   piscívoro   herbívoro
frugívoro   carnívoro   omnívoro

¿Qué crees que signifique la terminación -voro, -vora?

4 Del ejercicio anterior elige la palabra que completa cada oración.

El buitre es un animal _____.

Llamamos _____ al animal que se alimenta de hierbas, como la jirafa.

Los seres humanos somos _____.

Los leones son _____.

Los _____, como la gaviota, comen peces.

Los _____, como la rana o el oso hormiguero, se alimentan de insectos.

5. Los animales de la selva están decididos a formar cuatro equipos para jugar un torneo. ¿Quiénes crees que integrarían cada equipo? Organiza los equipos con tus animales favoritos en la columna correspondiente, según su alimentación.

Herbívoros (comen plantas y hojas)	**Carnívoros** (comen carne)

Omnívoros (comen plantas, carne y semillas)	**Piscívoros** (comen peces)

6. Los animales de la selva no han podido iniciar el torneo por no tener los permisos oficiales. Ayuda a los animales de la selva a escribirle una carta formal a la Comisión Nacional de Futbol para formar la Liga selvática.

> Recuerda utilizar el formato de una carta formal.

Las terminaciones *-vora*, *-voro*, *-voros* y *-voras* (que significan "**se alimenta de**") se escriben con **v**.

El mundo de las letras:
Acentos en adverbios terminados en *-mente* y en palabras compuestas

1 Lee el texto y subraya las palabras que terminen en *-mente*.

La marioneta
(fragmento)

Si por un instante se olvidaran de que soy una marioneta de trapo y me regalaran un trozo de vida, posiblemente no diría todo lo que pienso, pero en definitiva pensaría todo lo que digo.

Si me obsequiaran un trozo de vida, vestiría sencillo, me tiraría de bruces al sol, dejando descubierto, no solamente mi cuerpo, sino mi alma.

Son tantas cosas las que he podido aprender de ustedes, pero realmente de mucho no habrán de servir, porque cuando me guarden dentro de esa maleta, infelizmente me estaré muriendo.

Johnny Welsh (adaptación)

2 Desarma las palabras que encontraste, separa la terminación *-mente* del adjetivo. Escribe su significado y haz una oración. Fíjate en el ejemplo.

__Posible__   __-mente__ → __Que podría suceder o ser.__

Oración: Si estudio, posiblemente pasaré el examen.

____ ____ → ____

Oración: ____

____ ____ → ____

Oración: ____

____ ____ → ____

Oración: ____

3 Une las palabras con *-mente* para formar adverbios.

fácil   ____

cortés   ____

difícil   mente   ____

rápida   ____

lenta   ____

26

4. Encuentra los adjetivos que se indican en la sopa de letras. Son 20 y recuerda que pueden estar en cualquier dirección.

C	O	R	T	E	S	X	A	W	H	X	M	A	L	A
A	O	A	I	C	E	N	D	Z	A	E	B	R	J	H
L	G	N	T	U	S	V	O	B	B	N	E	C	M	S
I	M	U	T	U	A	R	C	B	I	A	L	I	D	U
D	Ñ	L	J	I	W	R	I	Z	L	K	J	N	W	B
A	D	R	T	I	N	T	L	Y	R	E	E	I	S	I
V	F	R	I	A	Y	U	N	Ñ	L	J	K	C	T	T
V	I	N	G	E	N	U	A	C	R	I	C	A	X	A
U	J	H	G	F	D	S	P	O	U	Y	T	R	E	W
T	S	O	L	I	D	A	S	N	I	T	I	D	A	B
I	Ñ	K	J	H	G	D	I	F	I	C	I	L	V	B
L	Z	X	C	O	B	L	I	C	U	A	V	B	N	M

cortés	real
hábil	rica
continua	útil
noble	súbita
cálida	sólida
ingenua	fría
cínica	nítida
dócil	necia
mutua	difícil
mala	oblicua

5. Escribe en la tabla los adjetivos que encontraste. Después, con la terminación *-mente*, conviértelos en adverbios.

Adjetivos	Adverbios terminados en *-mente*	Adjetivos	Adverbios terminados en *-mente*
cortés		hábil	
continua		noble	
cálida		ingenua	
cínica		dócil	
mutua		mala	
real		rica	
útil		súbita	
sólida		fría	
nítida		necia	
difícil		oblicua	

Los **adverbios de modo**, formados mediante la adición del sufijo *-mente*, mantienen la tilde del adjetivo: *rápidamente*. La regla de acentuación de estas palabras es así de fácil: los adverbios terminados en *-mente* conservan la tilde del adjetivo del que derivan.

El mundo de las letras:
Uso de la coma (,) en la sustitución de verbos que se sobreentienden

1 Lee el texto y fíjate cómo se usan las comas.

La fiesta de los animales

En una selva muy lejana vivía un elefante que quiso hacer una fiesta. Invitó a sus amigos el piojo, la iguana, los monos mellizos, la coneja, el puma, la tortuga y la familia de las ranas. Para hacer la fiesta, el elefante encontró un espacio en el bosque, que tenía un árbol para cubrirse del sol y muchas flores que alegraban el paisaje.

Los animales fueron a la fiesta muy contentos y dispuestos a divertirse mucho: la coneja llegó muy bien peinada y con los dientes cepillados, tan blancos que deslumbraban a los invitados, pero no quiso gorro por estorbarle sus orejas; las ranas, que venían del otro lago, se limpiaron sus largas patas y entraron a la selva seguidas por el orangután gris que venía de la peluquería; el elefante, muy animado y contento, se puso un pequeño gorro que se le veía muy gracioso en su enorme cabeza; la tortuga, con su caparazón reluciente, pues lo mandó pulir, tardó varios días en llegar pero fue bien recibida por los invitados; el puma, recién bañado y de los primeros en llegar también, escogió un bonito gorro y presumió el brillo de su pelaje; la iguana llegó a la fiesta tarde y acalorada, por lo que no quiso gorro como los demás.

Resulta que el elefante se entretuvo con los adornos y se le olvidó preparar la comida. Los animales ya habían llegado, y la comida aún no estaba lista. Los invitados casi se volvieron locos de hambre. Entonces, el elefante ofreció una disculpa por el hecho, rápidamente preparó jugo de naranja, ensalada de frutas con crema, pastel de papas, frutas frescas para sus invitados, los cuales comieron gustosos y finalmente agradecieron al elefante su invitación. Todos concluyeron que su amigo era un gran anfitrión.

2 El elefante está decidido a escribir a algunos personajes de su lista de invitados, pero aún no sabe dónde colocar las comas cuando éstas se utilizan para suplir un verbo en la oración. Ayúdalo a colocarlas en las siguientes oraciones, como en el ejemplo.

El león es simpático; los buitres, antipáticos.

Los monos estudiosos obtienen premios; los osos holgazanes castigos.

Los cotorros hablaban de política; los elefantes de negocios.

El tigre está en la selva; la leona en la sabana.

El zorro es generoso; el lagarto ingrato.

La cabra llegó tarde ayer; hoy también.

Según el ejercicio anterior, ¿dónde ponemos coma?
_____
_____
_____
_____

> Se escribe **coma** (,) en el lugar de un verbo que se ha suprimido porque se encuentra ya expresado en la oración anterior y no es necesario repetirlo.

3 Ayuda al elefante a elaborar una invitación para su próxima fiesta, no olvides sustituir verbos por comas.

INVITACIÓN

4 En equipo escriban una descripción de lo que sucedió en la fiesta de los animales. No olviden detallar muy bien todos los acontecimientos ocurridos.

_____
_____
_____
_____
_____
_____
_____
_____
_____
_____
_____
_____

Pepe y la revolución ortográfica

Observa

1 Colorea seis situaciones en este dibujo que no tengan relación con la cima del Éverest.

El mundo de las letras:
Uso de c: *cep-* y *cent-*; *cicl-* y *circ-*

Pepe es un chico de doce años de edad que investigó sobre los aniversarios de la Independencia y de la Revolución mexicana. Descubrió que desde 2006 se han estado realizando eventos para conmemorar los aniversarios de estos dos hechos importantes en la historia de nuestro país, por lo que te pide que leas y reflexiones sobre el texto que te presenta enseguida.

Discurso de presentación sobre los festejos para la conmemoración del Bicentenario de la Independencia y del Centenario de la Revolución mexicana.

17 de noviembre de 2006.

Quiero dar a todos ustedes la más cordial bienvenida y agradecerles que nos acompañen hoy en la presentación del proyecto con el cual la Universidad Nacional Autónoma de México iniciará las conmemoraciones del Bicentenario de la Independencia y del Centenario de la Revolución mexicana.

¿Por qué organizar actos y eventos académicos en torno a sucesos pretéritos? ¿Qué importancia puede tener esto para el México de hoy? Las características íntimas de una nación se expresan en la manera de narrar su historia. Así se conoce la trayectoria de un país, sus logros y también sus faltas. Es por ello que siempre se requiere un replanteamiento constante del pasado, en un sentido muy amplio, revisionista.

La primera actividad que iniciará las conmemoraciones será un congreso internacional que se llamará: "Hacia la conmemoración del Bicentenario de la Independencia y el Centenario de la Revolución Mexicana. Cambios y perspectivas", que se llevará a cabo del 26 al 29 de marzo de 2007, con más de 45 participantes de diversas instituciones de México y del extranjero.

Los trabajos presentados en dicho congreso serán publicados en septiembre de ese año en dos volúmenes por el Instituto de Investigaciones Históricas junto con la Dirección General de Publicaciones y Fomento Editorial de la propia Universidad. La intención del encuentro es intercambiar ideas y revisar los procesos históricos desde su propio contexto, pero también a partir de nuestra propia perspectiva temporal, es decir, desde la óptica de un mundo de cambios vertiginosos, apertura y globalización como lo es en la actualidad.

1 Pepe se ha dado cuenta de que en el texto anterior hay algunas palabras que contienen la partícula *cent-*, ayúdalo a escribirlas a continuación.

_____

_____

2 ¿Qué parte se repite en esas dos palabras? _____

3 ¿Esas partes de las palabras se escriben con *s* o *c*? _____

4 ¿Qué significa *cent-*? _____

> La partícula *cent-* significa "cien" y aparece en algunas palabras como: *cent*uria, *cent*ésimo, *cént*imo, *cent*avo, *cent*ena, por*cent*aje, *cent*eno, *cent*enario.

5 Pepe ha creado una forma interesante de repasar éstas y otras palabras que sabe que se escriben con *cent-*, ayúdale a completar el siguiente crucigrama.

Horizontales

1. Moneda de oro de alto valor.
2. Cien años forman una...
3. Cien unidades forman una...

Verticales

4. Soldado que vigila un lugar.
5. Moneda que representa $\frac{1}{100}$.
6. Por cada semilla de ellas nacen 100 más.
7. Segundo lugar que ocupa un número después del punto decimal.

6 Para Pepe es necesario reconocer las palabras que encontró en el crucigrama, pues no quiere equivocarse en su texto sobre el Centenario de la Revolución. Ayúdale escribiéndolas en las líneas.

_____

_____

En cada aniversario de la Revolución se realiza un desfile de carácter deportivo, y este año, además, han organizado un paseo ciclista para inaugurar la ciclopista.

7 Pepe sigue investigando sobre los aniversarios de los últimos años y encontró esta nota. Lee y comenta con tus compañeros lo que dice.

Miércoles 20 de noviembre de 2006, mediodía. Para conmemorar un aniversario más de la Revolución mexicana, se inauguró la ciclopista de avenida Chapultepec en su cruce con Bucareli. El listón rojo de la ciclopista da una vuelta larga y cruza cuatro flujos vehiculares —montándose sobre los cruces peatonales— antes de continuar por el camellón hacia el poniente.

El bicicletero de la derecha viene por el extremo derecho de la calle. Va a cruzar una avenida de la ciudad de México como lo hacemos miles de ciclistas todos los días: con cuidado, junto al arroyo vehicular.

En cambio, el ciclista de la izquierda viene por la ciclopista. Para tomar la ciclopista deberá detenerse en el cruce y esperar a que se ponga la luz roja del semáforo, cruzar y subirse a la banqueta junto con los peatones, esperar otro cambio de luz para cruzar Bucareli, esperar un tercer alto en el cruce con Turín, subirse a la banqueta y por cuarta ocasión esperar el alto para cruzar Chapultepec y reincorporarse al camellón.

El bicicletero de la calle se tarda unos segundos para librar el cruce junto con los coches. El de la ciclopista se tarda tres minutos (tiempo contado reloj en mano).

Por supuesto, el bicicletero de la izquierda no siguió por la ciclopista. Al salir del camellón tomó rumbo por alguna de las muchas calles de la ciudad, como lo hacemos miles de ciclistas todos los días.

8 A Pepe le inquieta que haya muchas palabras en el texto anterior que tienen una parte que se repite. Encierra las que tengan la partícula _cicl-_ y escríbelas sobre las líneas.

_____

_____

9 Completa las oraciones utilizando las siguientes palabras.

ciclista	cíclico
circunnavegaron	circunvalación
ciclismo	ciclopista
ciclo	ciclista
bicicletas	bicicleta

Los piratas _____ la isla.

El _____ dio la vuelta a la mazana en diez minutos.

Algunos modelos de _____ se muestran en esta página.

La _____ está muy dañada.

Anillo de _____ es el nombre de una calle.

El tour de Francia es una competencia para _____ profesionales.

La _____ de Josefina es nueva.

El _____ del agua es fundamental para la vida.

El _____ es un deporte de alto rendimiento.

Si ocurre en ciclos, entonces es un fenómeno _____.

10 Completa las siguientes palabras.

_____unnavegaron   _____unvolución   _____ismo

_____ista   _____opista   bi_____eta

_____o   _____unscrito   _____unvalación

El prefijo *cicl-* significa *círculo;* el prefijo *circ-* significa *alrededor.* Ambos se escriben con **c**.

Los signos de puntuación:
Puntos suspensivos (...) para indicar que se ha suprimido parte de una cita textual

1 Pepe ha tratado de escribir un texto en el que desea incluir algunos fragmentos de "Discurso de presentación" _____, que aparece al inicio de la lección. Ayúdale a encontrar los párrafos que a continuación se presentan.

Quiero dar a todos ustedes la más cordial bienvenida y agradecerles que nos acompañen hoy en la presentación del proyecto con el cual la Universidad Nacional Autónoma de México iniciará las conmemoraciones _____

¿Por qué organizar actos y eventos académicos en torno a sucesos pretéritos? ¿Qué importancia puede tener esto para el México de hoy? Las características íntimas de una nación _____

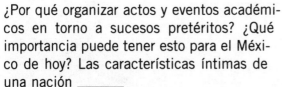

_____ será un congreso internacional que se llamará: "Hacia la conmemoración del Bicentenario de la Independencia y el Centenario de la Revolución mexicana".

La intención del encuentro es intercambiar ideas y revisar los procesos históricos desde su propio contexto, pero también a partir de nuestra propia perspectiva temporal _____

2 ¿Qué notaste entre estos párrafos y los que aparecen en el texto?
_____

3 ¿Qué signos de puntuación nos podrán indicar que el texto no está completo?.
_____

4 Practica el uso de los puntos suspensivos (...) colocándolos donde correspondan en los párrafos anteriores.

5 ¿Por qué decidiste poner ahí los puntos suspensivos?
_____
_____

> Cuando se copia un texto, se ponen **puntos suspensivos** entre paréntesis para señalar que está incompleto.

35

6 Encuentra en el periódico dos notas deportivas. Sólo copia una parte y no olvides incluir puntos suspensivos.

Nota 1:
_____
_____
_____
_____
_____
_____

Nota 2:
_____
_____
_____
_____
_____
_____

7 Pepe se ha encontrado con los siguientes párrafos, pero aún no sabe dónde poner los puntos suspensivos. Ayúdalo colocando los puntos donde corresponden.

Acerca del evento "Sobre ruedas: cruzamos fronteras y unimos esfuerzos por el Centenario de la Revolución", el cual también es un paseo ciclista que se iniciará en la explanada de la delegación Iztapalapa y finalizará en Tláhuac

Este mismo día se organizó una carrera atlética en la zona de Polanco, la cual comenzará a las 8:30 a.m. La carrera contempla cuatro categorías y el recorrido será de 3 y 5 kilómetros

La ruta ciclotón tendrá una extensión de 30 kilómetros y pasará por las calles del Centro Histórico y otras

8 Retoma la información que necesites y elabora un texto informativo sobre lo acontecido para celebrar el aniversario de la Revolución mexicana. No olvides utilizar puntos suspensivos y el formato de noticia. Al finalizar ilustra tu nota.

La pandilla *Travesuras* aprende y descubre

Observa

1 Colorea los leotardos de las bailarinas que tengan levantado el brazo izquierdo.

El mundo de las letras:
Acento en hiatos

1 Anabel es una de las protagonistas de esta unidad. Adolescente de doce años, era la jefa de la pandilla de chicas *Travesuras*. Todas las tardes se reunían en la casa de Romina (otra integrante del grupo), para contarse los pormenores de lo acontecido a lo largo del día en la escuela. Lo que compartían con más gusto era la lectura. Carolina, una más de las integrantes, compartió, una tarde el siguiente texto. Compártelo con tu maestro y compañeros y pon mucha atención.

Púas, el erizo

Púas era un erizo pequeñito, café, un poco torpe y despistado. Tenía un hocico negro y unas patas gordas. Siempre se metía en líos, por culpa de sus púas pinchosas.

Un día, doña Gatita estaba tejiendo un suéter muy lindo para su bebé, y Púas se acercó a curiosear.

La gata había comprado, en la tienda del pueblo, una gran canasta de madejas de colores y quería hacer un suéter para que su hijo no pasara frío.

Doña Gatita le decía a su pequeñín:

—¡Qué guapo vas a estar!, ¡eres el gatito más lindo de todo el vecindario!

Púas se había escondido detrás del sillón. Los colores de las madejas llamaron su atención y al inclinar su cabeza para verlas mejor, se cayó dentro de la canasta.

El erizo se metió entre las madejas y no podía salir. El hilo se había atorado en sus púas y lo había enredado todo.

—¡Ay, ay!, ¡mira lo que has hecho! —dijo la gatita—. ¡Ahora qué voy a hacer!

Púas se sintió muy avergonzado y pidió perdón a la gatita, pero el hilo estaba destrozado y ya no servía para hacer el suéter.

Al llegar a su casa, le contó a su mamá lo que había ocurrido y le pidió que ella hiciera un suéter para el gatito.

Su mamá le dijo:

—¡No te preocupes, Púas, yo lo haré! ¡No tienes que ser tan travieso! ¡Debes tener más cuidado!

Púas no sabía remediarlo, era tan inquieto que volvió a meter la pata, bueno mejor dicho las púas, no una, sino varias veces.

Vio la madriguera de un conejo y quiso entrar en ella para curiosear.

El búho ululó, pero nadie le hizo caso.

La señora Coneja acababa de tener crías. Estaban todas allí, muy juntitas. Todavía eran demasiado pequeñas para salir.

Púas consiguió meterse en la madriguera y llegar hasta las crías.

Todo estaba muy oscuro y no podía ver nada.

El erizo iba de un lado para otro, sin darse cuenta de que cuando se movía pinchaba a las crías.

—¡Fuera de aquí! —le dijo doña Coneja, muy enfadada.

Púas estaba triste, él no quería hacer daño, pero siempre le salía todo al revés.

Pensando y pensando, encontró la forma de hacer algo bueno y práctico con sus púas.

—¡Ya sé! ¡Limpiaré las alfombras de las casitas de los animales! —dijo Púas, convencido de que había encontrado la solución.

—¡Esta vez, tengo que hacerlo bien y estar preparado para trabajar! ¡No volveré a equivocarme!

Comenzó a trabajar como un verdadero experto. Se ponía su mascarilla para el polvo, y limpiaba y limpiaba.

Los animales estaban muy contentos de que por fin Púas hiciera algo que le gustara y no molestara a los demás.

Se convirtió en un gran limpiador de alfombras y todos estaban muy orgullosos de él, finalmente había encontrado una razón para ser feliz.

2 Romina explicaba a sus compañeras que ese día en la escuela había aprendido algo que le llamó mucho la atención. Le pidió a la pandilla que subrayaran con azul las palabras que tuvieran juntas una vocal débil acentuada (*í* y *ú*) y una vocal fuerte (*a, e, o*), por ejemplo: *púas*. Ayúdales a subrayar las que cumplan con esta condición en la lectura.

3 Ahora ayúdalas a escribirlas.

_____   _____   _____

_____   _____   _____

_____   _____   _____

_____   _____   _____

4 Para hacer más evidente lo que les quería mostrar, les pidió que en cada palabra subrayaran la unión de las dos vocales (débil y fuerte). ¿Las ayudas?

5 Después les sugirió separar las palabras en sílabas. Hazlo en las líneas.

_____   _____   _____

_____   _____   _____

_____   _____   _____

_____   _____   _____

_____   _____   _____

6 Romina preguntó qué ocurrió con la unión de las vocales.

¿Qué crees que pasó?
_____

¿Sabes el nombre de esto? ¿Qué piensas?
_____

> Se llama **hiato** al encuentro de dos vocales que se pronuncian en sílabas distintas: dos vocales fuertes, o una vocal débil (que se acentúa) y otra fuerte.

7 Anabel propuso un reto: de la siguiente lista de palabras acentúa correctamente cada una de ellas y sepáralas en sílabas.

maiz _____

laud _____

creido _____

reune _____

sabia _____

frio _____

sonrie _____

oido _____

grua _____

continues _____

8 Finalmente Carolina propuso una aventura más audaz: "encontremos en el periódico, revistas o libros, palabras donde se observen los siguientes hiatos". Tú también puedes hacerlo.

aí	aú	eí
_____	_____	_____
eú	ía	ío
_____	_____	_____
íe	oí	oú
_____	_____	_____
úa	úe	úo
_____	_____	_____

El mundo de las letras:
Uso de *za*, *ce*, *ci*, *zo* y *zu*

1 Un día en que la pandilla estaba muy aburrida, decidió salir a caminar. En su recorrido Teresa, que era muy observadora, señaló un anuncio espectacular que tenía el siguiente texto. Lee con atención.

> Los zapatos cebra son el concepto en zapatos más avanzado que te ayudará a caminar cientos de metros. Su apariencia es elegante, y son tan cómodos que puedes andar en el bosque entre cipreses o en el duro asfalto, le dan un servicio completo a tus pies.
>
> **Visítanos en nuestra fábrica**
> Av. Zaragoza # 34, Col. Centro

2 Teresa les comentó que en ese anuncio había algunas palabras con *ce* y *ci*. Descúbrelas y escríbelas sobre las líneas.

ce   *ci*

_____ _____
_____ _____
_____ _____

3 Romina les propuso que ella decía una palabra y el resto de la pandilla debía completarla. Agrega las letras que faltan en cada palabra.

parti_____par   con_____pto   a_____ptan

con_____encia   per_____pción   aparien_____a

cien_____a   espe_____e   velo_____s

agen_____a   aca_____as   perdi_____s

pe_____s   capa_____s   pe_____cillos

ve_____s   auda_____s   rapa_____s

4 Con algunas de esas palabras, Anabel les propuso crear su propio anuncio publicitario; ayúdalas a escribirlo.

5 Isabel, la más seria de la pandilla, les mostró su tarea. Sus amigas identificaron faltas ortográficas en las ideas que investigó. Señálalas.

Entre la pobresa y la riquesa escoge siempre la primera.

Las adivinansas son como la vida.

Sancho Pansa era el escudero de un caballero andante.

Las dansas autóctonas son expresiones de nuestra cultura.

La confiansa es una virtud.

6 La pandilla sugirió que se escribieran las palabras correctamente, es decir, sin faltas ortográficas. Copia las oraciones con las palabras ya corregidas.

7 Isabel tiene que encontrar palabras con *zo* y *zu*. Ayúdala a terminar su tarea escribiendo tres palabras con cada sílaba.

Las palabras con *ce*, *ci*, se escriben con **c**.

Los signos de puntuación:
La arroba (@)

1 Samanta, la última integrante de la pandilla, es una chica intrépida y muy hábil en el manejo de la computadora. Por las noches le gusta "chatear" con sus amigos, pero hoy no ha podido contactar a ninguno. Ayúdala a descubrir el error. Observa los correos electrónicos y escribe qué les falta.

toño-capaz_____yahoo.com.mx

anabelias_____msn.com.mx

irmatodoamor_____google.com.mx

romiamor_____hotmail.com.mx

cariñotita_____aol.com.mx

¿Por qué crees que no puede contactarlos?

_____
_____
_____

—¡Es cierto! —dice Samanta—. No puedo dejar de incluirla en un correo electrónico.

Una tarde, la pandilla no encontraba a Teresa; la buscaron en su casa en el club, y finalmente la hallaron en el Internet de la esquina. Sorprendida por la hora que era, les comentó que su amiga Guadalupe, que vive en Morelos, le había escrito. Romina le preguntó qué significaba ese garabato (señalando la arroba). Teresa le respondió:
    —Se llama arroba y sirve para que en un correo se distinga entre el nombre del usuario y el servidor que proporciona el servicio de Internet.

2 Ayúdales a escribir correctamente los siguientes correos electrónicos.

          usuario   **servidor**

      adriancitosbesos_____prodigy.com.mx

         toñosanchez_____aol.com.mx

          carmelita59_____yahoo.com.mx

          65martinato_____msn.com.mx

3 Samanta preguntó: "¿qué les parece que cada una tenga su propio correo electrónico?"

Tú, al igual que la pandilla, crea tu propia correo. Sigue los pasos y comparte tu correo con tus compañeros.

¿Que nombre le pondrías? Piensa en tres (puede ser tu nombre, un seudónimo o apodo).

_____

_____

_____

Decídete por uno, el que más te guste.

_____

Agrega elementos como: un número, un guión medio (–) o bajo (_).

_____+_____

         nombre   otro elemento

Ahora agrega la arroba.

_____+_____+_____

    nombre   otro elemento   arroba

Por último, agrega tu servidor, puede ser google, aol, hotmail, smn, etcétera.

_____+_____+___+_____+__+_____+__+____

 nombre   elemento arroba   servidor   punto com punto mx

                                                                  (México)

Animales en peligro de extinción

Observa

1 Mira la imagen con atención.

2 Identifica los animales y escribe sus nombres.

_____   _____
_____   _____
_____   _____
_____   _____

El mundo de las letras:
Uso de *z* en palabras abstractas con terminación *-az*, *-iz*, *-oz*

1 Lee el texto.

El doctor Luis Álvarez ha publicado en diferentes medios de información su investigación sobre el daño <u>atroz</u> que algunos industriales han hecho a la naturaleza. Ha exigido a las revistas que divulgan avances científicos, que garanticen que la información que ofrecen sea <u>veraz</u>. El reconocimiento a su labor lo ha hecho acreedor al Premio Nacional de Investigación Científica, por lo que se siente <u>feliz</u>.

2 Escribe las palabras subrayadas en el texto.

_____   _____   _____

3 Escribe una oración con cada una de las palabras anteriores.

_____
_____
_____

> Las palabras abstractas señalan cualidades, emociones y sentimientos. Nombran cosas que no se pueden percibir con los sentidos, pues no pertenecen al mundo físico, por ejemplo: *veraz, feliz, atroz.*

> Las palabras abstractas que llevan terminación *-az, -iz, -oz* se escriben con **z**.

4 Reúnete con un compañero y encuentren palabras abstractas que terminen con *-az, -iz, -oz* en periódicos y revistas.

5 Consulta un diccionario y escribe en tu cuaderno el significado de las palabras que encontraron y que desconozcas.

6 Escribe un texto breve con las palabras que encontraste.

_____
_____
_____
_____
_____

7 Lee tu trabajo al grupo.

El mundo de las letras:
Uso de *z* en sustantivos abstractos con terminación *-ez, -eza*

1 Lee el texto.

Luis Álvarez es un científico famoso, pese a su <u>delgadez</u> extrema, es un hombre sano.

En su <u>niñez</u> fue enfermizo y ocupó sus largas horas de espera en los consultorios en leer y estudiar las maravillas de la <u>naturaleza</u>.

Su carrera como científico es notable por la <u>honradez</u> de sus palabras, más de una vez ha advertido la <u>ligereza</u> con la que se toman los problemas ambientales y el riesgo de perder especies animales y vegetales.

En su conferencia advierte con <u>tristeza</u> que la <u>pobreza</u> de algunos países resulta de no saber aprovechar sus recursos naturales y de la <u>escasez</u> de investigación científica. Aunque en sus discursos habla con <u>dureza</u>, sus propuestas son de una <u>brillantez</u> impecable.

2 Copia las palabras subrayadas en el texto y escribe la palabra de la que derivan. Fíjate en el ejemplo.

delgadez	delgado

3 Lee las oraciones y coméntalas con un compañero.

Mi salario es escaso.
La escasez de dinero me tiene afligido.

Pedro es un hombre honrado.
La honradez es un principio de vida.

La conferencia del doctor Álvarez fue brillante.
Me maravilla la brillantez del sol.

Algunos adjetivos (*duro, fiero, triste, limpio, delgado, redondo*) al agregarles la terminación **-ez** o **-eza** se convierten en sustantivos abstractos (*dureza, fiereza, tristeza, limpieza, delgadez, redondez*).

Los sustantivos abstractos que llevan las terminaciones **-ez** o **-eza** se escriben con **z**.

4 Completa las siguientes oraciones con los sustantivos abstractos que deriven de los adjetivos subrayados.

Mario es un niño <u>intrépido</u>.

La _____ puede ser un rasgo de valentía.

Este salón debe permanecer <u>limpio</u>.

Me asombra la _____ de tu escuela.

Mi maestro de física es <u>bajo</u> de estatura.

Creo que robar esos documentos ha sido una _____.

Trae sólo ropa <u>ligera</u>.

Conversar estos asuntos contigo ha sido una _____ de mi parte.

El sol radiante y <u>brillante</u>.

La _____ de algunos metales es asombrosa.

5 Encuentra en tus libros cinco palabras con las terminaciones *-ez* o *-eza*.

_____
_____
_____
_____
_____

6 Escribe delante de cada palabra que hayas escrito el adjetivo del cual derivan.

_____
_____
_____
_____
_____
_____
_____

El mundo de las letras:
Palabras terminadas en *-sión* o *-ción* en textos breves

1 Lee el texto.

Especies en peligro de extinción

Los gobernantes realizan muchas promesas cuando llevan a cabo sus campañas proselitistas. De esa manera, muchas de ellas adquieren distintos niveles de <u>tensión</u> por las posturas que cada uno toma ante los problemas de la comunidad. Esto llega a crear, en ocasiones, <u>confusión</u> entre los votantes.

Cuando el representante ganó la <u>elección</u> prometió medidas enérgicas para evitar la <u>extinción</u> de diversas especies, por ejemplo, enviar a <u>prisión</u> a quienes infringieran la ley.

Para que esas medidas sean un hecho, es importante que la <u>población</u> no practique la <u>evasión</u> de sus responsabilidades.

La <u>combinación</u> de esfuerzos entre gobernantes y pobladores hará posible la <u>expansión</u> de una cultura que preserve la continuidad de las especies.

2 Responde lo que se te pide.

¿Cómo crees que te afecta la extinción de ciertas especies animales o vegetales?

_____

¿Qué puedes hacer para evitar la extinción de especies?

_____

3 Escribe en la columna, según su terminación, las palabras subrayadas en el texto que leíste y subraya sus cuatro últimas letras.

-sión	*-ción*
_____	_____
_____	_____
_____	_____
_____	

4 Trabaja con las palabras de la columna de -*sión* y escribe el adjetivo del que se derivan. Fíjate en el ejemplo.

tensión	tenso
confusión	
prisión	
evasión	
expansión	

5 Otras palabras con terminación -*sión* son las siguientes. Escribe el adjetivo del que derivan.

extensión	
agresión	
revisión	
visión	
admisión	

> Las palabras con terminación **-sión** provienen de otras que terminan en -*so*, -*sor*, -*sible* y -*sivo*.

6 Escribe el adjetivo de donde provienen las siguientes palabras terminadas en -*ción*. Observa el ejemplo.

elección	electo
extinción	
población	
combinación	
atención	
discreción	
curación	
ocupación	
fabricación	

7 Subraya la terminación de las palabras que escribiste.

> Las palabras terminadas en **-ción** provienen de otras que terminan en -*to* y -*do*.

8 Encuentra en periódicos o revistas tres palabras que terminen en -*sión* y tres en -*ción*. Escríbelas en tu cuaderno.

9 Utiliza las palabras anteriores para elaborar un texto breve en tu cuaderno y compártelo con tus compañeros.

Los signos de puntuación:
Uso de punto (.) después de paréntesis ( ), comillas (" ") o corchetes [ ]

1 Lee con atención las siguientes oraciones y encierra en círculos los signos de puntuación que encuentres.

Miriam propone que el lobo mexicano modelado con plastilina se llame "Plateado".

Claudia, la maestra de 4º, orientará a sus alumnos para que elaboren una maqueta del zoológico donde vive el lobo mexicano *Canis lupus baileyi*.

El equipo número 5 está integrado por tres niñas y dos niños (Raúl y Carlos, Erika, Amanda y Miriam [quien decidió el nombre del lobo modelado]).

2 ¿Cómo se llaman los signos que señalaste?
_____

3 ¿Qué signo aparece siempre después de paréntesis, las comillas y los corchetes?
_____

4 Encuentra otros ejemplos que ilustren el uso del punto después de paréntesis, los corchetes y las comillas. Escríbelos a continuación.
_____
_____
_____
_____

5 Escribe los puntos que faltan en los siguientes textos.

El nombre científico de la ballena azul es *Balaenoptena musculus*. Es un mamífero acuático, viene de la familia de los cetáceos (igual que los delfines, marsopas y cachalotes)

Es el más grande de todos los animales, ya que mide hasta 30 metros de longitud; tiene la piel lisa y debajo de ella una capa de grasa (como si fuera ropa térmica [caliente])

Las ballenas son una preciada pieza de caza porque se aprovecha todo de ellas: su grasa, huesos y carne Por ello son víctimas de una caza excesiva que provoca su extinción

Una de las especies más numerosas es la del caimán de anteojos o *Caiman crocodilus* El caimán llega a medir hasta 2.5 metros de longitud Es una especie amenazada (que está en peligro de extinción)

Para evitar esto, desde 1990, en México se han establecido criaderos privados llamados cocodrilarios

El origen de las palabras

Observa

1 Mira las imágenes con atención y describe a qué civilizaciones pertenecen.

El mundo de las letras:
Uso de *h*: prefijos *hect-*, *hecto-* y otros de origen griego

1 Lee el texto.

¿Matemáticas o historia?

En la clase de matemáticas estamos viendo un tema nuevo, el de medición, y para comprenderlo mejor la maestra nos sorprendió al hablarnos de los griegos, de la gran influencia que tiene esta cultura en el mundo, ya que en los diferentes campos del conocimiento podemos encontrar huellas de la cultura griega, por ejemplo en las matemáticas, así como de su relación con nuestro lenguaje matemático, es decir, con la formación de algunas palabras de origen griego como: hectárea, hectómetro, hectolitro, hectogramo, hexágono, hexaedro, heptágono.

Al principio de la explicación no entendíamos muy bien la relación que existe entre las matemáticas y esa cultura, pero conforme la maestra avanzó en la explicación el tema nos fue interesando más, y todavía más a partir de la investigación de los significados de esas palabras griegas. Desde entonces sabemos que la historia sí tiene que ver con las matemáticas.

2 ¿Qué sabes de la cultura griega?
_____
_____
_____

3 Subraya las palabras del texto que la maestra dio como ejemplos y encierra con color la letra inicial de cada palabra.

4 Completa las palabras que subrayaste.

☐ área ☐ litro ☐ gono

☐ metro ☐ gramo ☐ edro

5 Lee las siguientes cápsulas y encierra con color las cuatro primeras letras de las palabras que empiezan con *h*.

> En la Grecia antigua, al trabajo de un actor en el teatro, se le llamaba "hipocresía".

> La traducción literal de hipopótamo es "caballo de río".

6 Completa la frase.

Como te habrás dado cuenta, las _____ que forman el _____ de cada palabra que completaste empiezan con _____.

7 ¿Sabes cómo se llama la parte de la palabra que has estado señalando con color?

_____
_____

La partícula que se antepone a una palabra para formar otra compuesta se llama **prefijo**. Algunos prefijos son de origen griego, por eso se escriben con **h**, por ejemplo: **heter**ónomo, **heter**osexual, **heter**ogénea, **hiper**tensión, **hipó**dromo, **hidro**grafía, **hidró**geno, **hidro**fobia.

8 Escribe un texto en el que incluyas algunas de las palabras anteriores.

_____
_____
_____
_____
_____
_____
_____

ipódromo
ectárea
ectogramo
idrofobia

56

El mundo de las letras:
Uso de *h*: prefijos *hua-*, *hui-*

1 Lee el texto.

¿No sólo palabras de origen griego?

Recuerdo que en alguna de esas clases que no se olvidan, la maestra pidió un voluntario y ¡como siempre! Huidobro se adelantó y pasó al pizarrón. La maestra dijo:

—Vamos a hacer un dictado de palabras, todos lo harán en su cuaderno y Huidobro lo hará en el pizarrón.

Las palabras fueron: *huarache, huacal, huipil, huichol*. Huidobro las escribió en forma incorrecta, es decir, no escribió la *h* inicial. Cuando la maestra le preguntó por qué no las escribió con *h*, Huidobro respondió con total seguridad:

—Porque no son palabras de origen griego.

Todos nos reímos al escuchar su respuesta. La maestra pidió que guardáramos silencio y nos recordó que también en nuestro idioma tenemos palabras que comienzan con *h* cuyo significado y uso es característico de nuestro país y siguen una regla ortográfica.

2 Y tú, ¿hubieras escrito con *h* esas palabras?

_____

3 ¿Por qué crees que se escriben con *h* las palabras que dictó la maestra?

4. Copia las palabras que dictó tu maestra o maestro y encierra con algún color las tres primeras letras de cada palabra.

_____
_____
_____
_____

5. Encuentra en el diccionario otras palabras que comiencen con *hui-* o *hua-* y escribe su significado.

_____
_____
_____
_____

6. ¿Por qué crees que esas palabras se escriban con *h*?

_____
_____

> Se escriben con **h** las palabras que comienzan con los sonidos /**ua**/ /**ui**/, como *huarache, huipil, Huidobro, Huamantla.*

7. Escribe tres oraciones en la cuales utilices algunas de las palabras que comienzan con *hua-, hui-*.

_____
_____

Los signos de puntuación:
Uso del guion largo (—) para indicar la repetición del nombre de autor antes citado

1 Lee el texto.

A varios compañeros nos interesó mucho el tema del origen de las palabras, cómo se escribían y sus significados, y le pedimos a la maestra que nos hablara más de ello. Entonces nos explicó que hay una especialidad lingüística, que se encarga del significado y origen de las palabras, se llama etimología, y que existen muchos libros como producto de las investigaciones realizadas en este campo.

La maestra nos dijo que le daba mucho gusto ver nuestro interés y nos invitó a investigar acerca de los libros y autores que tratan sobre este asunto; además, nos ofreció ayuda para clasificar títulos, autores o temas.

Añadió que cuando tuviéramos lista la investigación, dedicaríamos una clase para revisar nuestros trabajos en equipos.

Así comenzamos buscando los siguientes títulos del autor Agustín Mateos Muñoz, quien ha investigado sobre el tema y ha publicado varios libros:

—, *Cuaderno de etimologías del español.*

—, *Compendio de etimologías grecolatinas.*

—, *Etimologías griegas.*

—, *Etimologías latinas.*

Nuestra investigación nos llevó algunos días, pero fue muy interesante.

2 Si conoces algunos libros que traten el tema del origen de las palabras, escribe sus títulos.

_____

_____

_____

3. En la lectura que acabas de realizar encierra en círculos los guiones largos y subraya el texto que sigue a cada guión.

4. ¿Cuál crees que sea la función del guión largo?

_____

5. Imagina que eres un escritor y has publicado varios libros sobre el origen de las palabras y su escritura, ¿cómo se llamarían tus libros? Escribe en cada libro el título que le pondrías.

6. Ahora haz una lista de tus libros, ordénalos alfabéticamente, escribe tu nombre, y recuerda utilizar el guión largo como en los ejemplos anteriores.

_____
_____
_____
_____
_____

El **guión largo** sirve para indicar, en algunas listas como índices alfabéticos de libros o bibliografías, que en ese renglón se omite la repetición del nombre del autor antes citado.

7 Elige de la siguiente biblioteca los libros que correspondan al mismo autor y haz un índice alfabético con ellos; recuerda utilizar el guión largo.

Relojes y alhajas

Observa

1 Encierra las diez diferencias del segundo dibujo con respecto al primero.

El mundo de las letras:
Palabras derivadas con *-jero(a)* y *-jería*

1 Lee con atención el texto.

Javier y su esposa Jazmín planean ir de vacaciones a Baja California Sur. Para ello tuvieron que organizar su agenda de tal manera que les permitiera tomar un merecido descanso; ellos se dedican a la exportación de <u>relojes</u> y <u>alhajas</u>.

Mientras esperaban ser atendidos en la agencia de <u>viajes</u> conocieron a Carlos, joven dueño de una <u>granja</u>, dedicado a la cría de <u>conejos</u>, cerdos y <u>ovejas</u>, con el que establecieron una cordial plática.

Después de analizar algunos lugares y precios eligieron ir a San José del Cabo, a un hotel llamado San José <u>Viejo</u>. El empleado llamó al hotel para verificar si había cupo y éste le envió un <u>mensaje</u> afirmativo.

Javier y Jazmín pagaron sus <u>pasajes</u> con el entusiasmo propio del momento.

2 Escribe con letra cursiva las palabras subrayadas del texto anterior.

_____ _____ _____
_____ _____ _____
_____ _____ _____

3 De la lista anterior, escribe palabras derivadas con terminación *-jero, -jera, -jería*. Fíjate en el ejemplo. Toma en cuenta que no en todas existe la terminación *-jería*.

jero	**-jera**	**-jería**
relojero	relojera	relojería
_____	_____	_____
_____	_____	_____
_____	_____	_____
_____	_____	_____
_____	_____	_____
_____	_____	_____
_____	_____	_____

4 Consulta el diccionario para verificar si escribiste correctamente las palabras derivadas.

5 Escribe dos oraciones con otras palabras terminadas en -jería.

_____
_____

> Las palabras que tienen terminaciones -jero, -jera y -jería se escriben con **j**, excepto *aligero, flamígero, ligero*.

6 Utiliza las palabras *flamígero, ligero* y *aligero* para completar las oraciones que aparecen a continuación.

La escena del diablo requiere un fondo _____.

Los viajeros requieren equipaje _____.

Si te ayudo a hacer el aseo, _____ tu cansancio.

7 Escribe palabras derivadas de las excepciones. Consulta tu diccionario.

aligero _____ _____

flamígero _____ _____

ligero _____ _____

8 Reúnete con un compañero y escribe un texto relacionado con un viaje de vacaciones. Utiliza las palabras *ligero, mensajería, brujería, relojero, cajera*.

_____
_____
_____
_____
_____
_____

El mundo de las letras:
Escritura de los nombres partitivos, múltiplos y colectivos

1 Lee con atención el texto.

El Rancho Paraíso

Carlos vive en un rancho llamado Paraíso en el que cría diferentes animales. La <u>gente</u> dice que tiene la mejor <u>piara</u> de toda la región; a pesar de no contar con un <u>ejército</u> de ayudantes, ha logrado progresar.

El rancho se encuentra en la sierra de los Lobos, Guanajuato, llamada así porque antaño existían <u>manadas</u> de lobos en ese lugar. Ahora la población de estos animales es muy escasa; por lo que ya no es un peligro sacar al <u>rebaño</u> a pastar a la llanura.

Carlos y su familia esperan tener una buena <u>camada</u> de conejos para la siguiente temporada y venderla al mayoreo. Muchos vecinos le han propuesto introducir otro tipo de <u>ganado</u>; pero a él no le interesa por el momento, ya que la <u>mitad</u> del rancho la tiene destinada a los cerdos, una cuarta parte a las ovejas, una <u>octava</u> a los conejos y en la otra parte tiene un pequeño lago donde practica la pesca, ya que existe un <u>cardumen</u> que habita en él. No sigue la propuesta de sus vecinos porque de hacerlo así se le <u>duplicaría</u> o <u>triplicaría</u> el trabajo y perdería calidad en la crianza de los otros animales.

2 En el croquis, marca con líneas la porción de terreno que corresponde a cada tipo de animal y escribe con números qué porción ocupan.

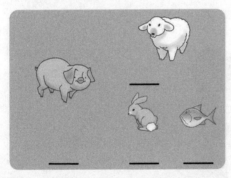

Los **números partitivos** se refieren a una parte de un todo y se escriben con minúscula: *mitad, cuarta, octava; décima parte, cuadragésima parte.*

3 Escribe los números partitivos que completen las siguientes oraciones.

Compré $\left(\frac{1}{4}\right)$ _____ de jamón.

La $\left(\frac{1}{2}\right)$ _____ del grupo votó en favor de Luis.

La $\left(\frac{1}{3}\right)$ _____ parte del público aplaudió.

4 Analiza la siguiente información.

> Los **múltiplos** son cantidades que contienen a otra un número exacto de veces: doble (dos veces); triple (tres veces); cuádruple (cuatro veces); quíntuple (cinco veces); séxtuple (seis veces); héptuple (siete veces); óctuple (ocho veces).

Los múltiplos son producto de la multiplicación por dos, por tres, por cuatro... Por ejemplo, *el doble de tres es seis (2 × 3 = 6)*.

5 En la lectura de "El Rancho Paraíso" hay palabras relacionadas con los múltiplos. Encuéntralas y escríbelas.

_____ _____

6 Si Carlos trabaja ocho horas en el cuidado de sus corrales, ¿cuántas horas trabajaría si le hiciera caso a sus vecinos al introducir otro tipo de ganado?

_____ _____

7 Reúnete con un compañero y respondan: ¿qué les gustaría más, a la mitad o al doble?

Hacer tarea _____

Lavar los trastes _____

Chatear _____

Ir al cine _____

Ver televisión _____

8 Comenten sus respuestas con el grupo.

9 En la lectura de "El Rancho Paraíso" aparecen otras palabras relacionadas con cantidades. Encuentra su significado en el diccionario.

piara _____

gente _____

ejército _____

manada _____

camada _____

rebaño _____

ganado _____

10 De acuerdo con las definiciones halladas, escribe verdadero o falso.

Los cerdos viven en rebaño. _____

Los peces son una manada que come gusanos. _____

Todos los animales tienen camadas. _____

> Las palabras que hacen referencia a conjuntos se llaman **sustantivos colectivos** y se escriben en singular.

11 Reúnete con un compañero y encuentren el sustantivo colectivo de las siguientes especies.

pez _____

perro _____

pájaro _____

12 Elabora una oración con cada uno de los sustantivos colectivos anteriores.

_____
_____
_____
_____
_____
_____
_____
_____
_____
_____

67

Los signos de puntuación:
Uso de comillas (" ") para destacar expresiones extranjeras y seudónimos

1. Lee con atención el texto.

Gerardo Murillo, pintor mexicano, paisajista, vulcanólogo e ideólogo del movimiento muralista, nació en Guadalajara, Jalisco, en 1875. Realizó sus estudios iniciales de pintura en México y en 1897 obtuvo una beca para estudiar en Europa.

Su estancia en Italia dejó en él marcada la huella de las imágenes monumentales del Renacimiento.

En 1900 viajó por Inglaterra, Alemania, España y Francia, donde recibió la influencia de los impresionistas. Y en esos años empieza a ser conocido por el seudónimo de "Dr. Atl" (*atl* significa agua en náhuatl), ya que este nombre iba más con su carácter inquieto y cambiante.

De regreso en México, en 1903, se dedicó a pintar su país natal e impartir clases en la Academia de San Carlos de la ciudad de México, donde tuvo como alumnos a Diego Rivera, David Alfaro Siqueiros y José Clemente Orozco.

En 1912 fundó la Liga Internacional de Escritores y Artistas y el periódico *Action d'Art*.

Vocabulario

seudónimo: forma de identificar a un personaje sin dar a conocer su verdadero nombre.

2. Encierra las comillas (" ") que hay en las siguientes expresiones.

"Ringo Starr" el músico inglés, se llamaba en realidad Richard Starkey.

"Bruno Traven" ocultaba a Tor Svan Croves, autor de *Macario*.

Lucila Godoy Alcayaga, poetisa y diplomática chilena, mejor conocida como "Gabriela Mistral", recibió el Premio Nobel en 1945.

Neftalí Reyes Basoalto adoptó desde 1917 el seudónimo de "Pablo Neruda", como su nombre.

3 ¿Para qué se utilizaron las comillas en los ejemplos anteriores?
_____

> Las **comillas** (" ") son un signo de puntuación que sirve para señalar un seudónimo.

4 Bianca y Daniel hallaron una página de ofertas con anuncios como los siguientes.

```
http://www.oferta.com.mx
Computación   Hogar   Electrónica   Libros y revistas   Salud y belleza
[BUSCAR OFERTAS]   [SIGUIENTE OFERTA]
```

"Scanner" de última generación, aproveche esta oportunidad.

En la compra de una cámara digital con "zoom"

te regalamos una memoria.

Este 10 de mayo regálale a mamá un "kit" de belleza.

Para la reina del hogar "lipstick" indeleble, humectante.

Disfruta de la celebración con tu familia en un suculento "buffet" dominical.

5 Escribe las palabras que tienen comillas.
_____

6 Reúnete con un compañero y respondan: ¿qué tipo de palabras son?, ¿por qué llevan comillas?
_____
_____
_____

7 Comenten sus respuestas con el grupo.

> Las **comillas** (" ") también sirven para destacar palabras que, aunque no pertenecen al español, son de uso común.

8 Utiliza los siguientes extranjerismos para escribir un texto.

snack   reeze   pop corn   light   gourmet

_____
_____
_____

69

Los horóscopos y la ortografía

Observa

1 Encierra en círculos los cuatro veleros que son iguales.

El mundo de las letras:
Uso de mayúsculas: nombres propios de signos zodiacales y astros

En esta unidad nos acompañarán las chicas del club deportivo. Este grupo está constituido por cinco mujeres: Carmen, Elena, Rosalía, Julieta y Maru, quienes se reúnen todos los días por la mañana en el gimnasio para hacer ejercicio.

Lo primero que hacen estas chicas al llegar al gimnasio es consultar su horóscopo en el periódico, así que cada una lee lo que le depara el futuro.

1 Identifica los dibujos para estos signos zodiacales y únelos con su nombre.

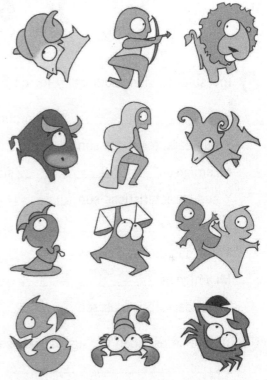

Acuario
Signo de aire, humanitario, amistoso, imprevisible y excéntrico.

Piscis
Signo de agua, sensitivo, compasivo, sugestionable e intuitivo.

Leo
Signo de fuego, generoso, esplendoroso y entusiasta.

Virgo
Signo de tierra, metódico, servicial y muy perfeccionista.

Libra
Signo de aire, diplomático, sociable y amante de la justicia.

Carmen observó atentamente la sección de los signos zodiacales y se dio cuenta de que todos estaban escritos con letra inicial mayúscula, y recordó:

—Mira, Rosalía, ayer estuve ayudando a mi hijo con su tarea sobre mayúsculas y no me había fijado que los signos zodiacales se escriben con mayúscula.

> Los **signos zodiacales** se escriben con **mayúscula** inicial, así como los nombres de los astros y planetas.

2 Comenta con tus compañeros y maestro si creen en las predicciones de los horóscopos.

3) Investiga tu signo zodiacal y los de tus amigos y responde.

Yo soy _____ porque nací _____

Y mis características son _____

Mi amigo es _____; su signo es _____

Y sus características son _____

Mi amigo es _____; su signo es _____

Y sus características son _____

Mi amigo es _____; su signo es _____

Y sus características son _____

4) ¿Cómo se escriben los signos zodiacales?

_____

5) Al escuchar la conversación de Carmen y Rosalía, Elena leyó en voz alta su horóscopo, porque al parecer tendría cosas positivas ese día. Lee con atención y completa lo que haga falta.

Piscis

Con _____ arte jalando las riendas a toda velocidad desde el signo de _____ iscis, es muy probable que vivamos más acelerados, con emociones fuertes. Los movimientos astrológicos son importantes; ten cuidado con el aspecto psicológico de las personas, no lo descuides. El uso de la tecnología te favorece. Trabaja con el aspecto lógico de las cosas. Un galán está tocando a tu puerta. No olvides nunca que la astrología sólo es una guía en tu vida, tú tienes la última palabra.

Tus signos afines son: _____ eo, _____ irgo y _____ ibra. Tu número de la suerte es el 9 y tu color es el rosa.

El mundo de las letras:
Uso de *gen*, *geo-*, *-logía*, *-lógico* y otros prefijos y sufijos de origen griego

1 Maru estaba atenta a la lectura del signo zodiacal, y señaló las siguientes palabras.

astrológicos   lógico   astrología   psicológico   tecnología

> Las palabras terminadas en **-logía** y **-lógico**, que vienen de *logo*, se refieren a "estudio o tratado". Por ejemplo: *astrología, estudia los astros*.

2 Entonces, ¿a qué se dedican las siguientes ciencias?

Numerología: _____

Tecnología: _____

Mitología: _____

Metodología: _____

Psicología: _____

3 Ayuda a completar el siguiente ejercicio. Sigue el ejemplo.

Derivado	Origen
psicológico	psicología
ecológico	
tecnológico	
sismológico	
geológico	
astrológico	

El sufijo *-lógico* es un derivado de *-logía*.

4 Escribe una oración con la palabra de origen y otra con el derivado para ejemplificar la regla anterior. Observa los ejemplos.

psicología <u>Pedro estudió psicología.</u>
psicológico <u>La violencia es un problema psicológico y social.</u>
ecología _____

ecológico _____

biología _____

biológico _____

sismología _____

sismológico _____

geología _____

geológico _____

astrología _____

astrológico _____

5 Carmen recordó otra palabra: *geología*. Si *-logía* significa estudio, ¿qué quiere decir *geo-*? Encierra su significado.

Georgina   Tierra   país   gente

6 Entonces, ¿qué quieren decir las siguientes palabras? Investiga en un diccionario y escribe tu respuesta con letra cursiva.

geocéntrico: _____

geografía: _____

geógrafo: _____

geólogo: _____

Geología quiere decir "estudio de la Tierra atendiendo las eras o etapas por las que ésta ha pasado".

7 Encuentra en revistas o periódicos cinco palabras que inicien con *geo-* y cinco que terminen en *-logía* o *-lógico*. Escríbelas a continuación.

geo-	*-logía* o *-lógico*
_____	_____
_____	_____
_____	_____
_____	_____
_____	_____

8 Investiga en la biblioteca de tu escuela cómo ha cambiado el planeta Tierra y escribe un texto informativo al respecto.

Título: _____

Por: _____

_____
_____
_____
_____
_____
_____
_____
_____
_____
_____
_____
_____
_____
_____
_____

Los signos de puntuación:
Uso de coma (,) después de enlaces

A la mañana siguiente, las amigas se volvieron a encontrar. Elena traía el periódico, pero no lo pudieron revisar, pues la impresión era defectuosa.

1 Ayuda a nuestras amigas a descifrar lo que dice su horóscopo del día de hoy, escribiendo lo que hace falta.

> E tás a punto de enfrent te a una eva ción de tra jo. Tal ve , obt gas un asc so, elog os y bue trato. Sin emb go, ten cui a o con tu tra jo, no te conf es y s gue comp ándote con mu ha respo bilidad. Es decir, no des ides nada y obt nd ás fru os.

2 Escríbelo a continuación completo y con letra cursiva. Compara tu trabajo con el de tus compañeros.

___
___
___
___
___
___

> La **coma** (,) va después de una palabra que sirve de enlace con otra frase o palabra si se encuentra al inicio de la oración; si el enlace está en medio de ésta, se encierra entre comas.

3 Coloca la coma donde corresponde. Observa el ejemplo.

Finalmente, ganamos.

Es decir los niños han aprobado su examen.

La astronomía estudia los astros, es decir los planetas y estrellas.

Los horóscopos nos dan una visión de lo que puede pasar.

Esto es no necesariamente lo que sucederá.

4 Utiliza tus habilidades y coloca una de las palabras del recuadro en la oración que corresponda.

| esto es | por lo tanto | al final | es decir |
| es decir | finalmente | quizás | |

Los daños están hechos, _____, hay que pagar.

Mi madre está deprimida, _____, está muy triste.

Mis hermanos tienen 8.9 de promedio general, _____, aprobaron el año.

Mi papá me castigó, _____, no me comprará la chamarra.

Después de tanto insistir, _____, María aceptó casarse.

_____, esto sea el final.

Tendríamos que pensar en que los niños merecen respeto, _____, que por ningún motivo podemos agredirlos.

5 Escribe una carta donde expliques por qué crees o no en los horóscopos. Utiliza algunos conectores, por ejemplo, *es decir*, *esto es*, *finalmente*, y no olvides poner las comas.

Viaje a través del tiempo

Observa

1 Mira con atención la imagen y descubre nueve objetos extraños que no deberían estar. Enciérralos en círculos.

El mundo de las letras:
Uso de siglas

1 Antes de ir al Museo de Cera los chicos querían saber si había alguna promoción en el periódico. Encontraron lo siguiente:

> **MUSEO DE CERA** ¿Quieres sentir miedo de verdad? ¡Ven y conoce nuestros monstruos! Londres núm. 6, Col. Juárez, entre Berlín y Bruselas, México, D.F. Horarios de lunes a domingo de 11:00 a 19:00 hrs. Entrada al museo, $15.00. Estudiantes y maestros con credencial de la SEP, $5.00; adultos con credencial del INAPAM, entrada libre.

2 Localiza las siglas en el anuncio y enciérralas en círculos.

3 Escribe las siglas que encontraste y su significado.

_____
_____
_____
_____

4 Lee atentamente y responde lo que se te pide.

> Se solicitan promotores de periódicos para el D.F. y área metropolitana.
> Ambos sexos. Mayores de edad.
> Horario de trabajo de 5:00 a 14:00 hrs.
> Ofrecemos: sueldo atractivo, IMSS.
> Presentarse en Guillermo Prieto 7, Col. San Rafael, México, D.F.

Identifica las siglas y enciérralas con color.

¿Conoces su significado? Escríbelo.

_____
_____

5 Observa las siglas y escribe lo que significan.

    SHCP   UNAM   IPN   ISSSTE   INBA

_____
_____
_____
_____
_____
_____

6 Responde.

¿Para qué se utilizan las siglas?
_____

¿Cómo se forman las siglas?
_____

¿Utilizas siglas en la escuela? ¿En qué casos?
_____

7 Revisa algunos periódicos. Elige una noticia, recórtala y pégala en el recuadro. Destaca con color las siglas que encuentres.

8 ¿Qué utilidad tienen las siglas? ¿Por qué se usan en este tipo de publicaciones?
_____
_____

9 Escribe otras siglas que conozcas y su significado.
_____
_____
_____

10 Intercambia tu libro con un compañero. Así conocerás otras siglas.

11 Con las siglas recopiladas por el grupo, escriban una nota periodística.
_____
_____
_____
_____
_____
_____

El mundo de las letras:
Acentuación de palabras con triptongo

1 Lee el texto.

La visita al Museo de Cera

Para celebrar que el curso terminó, Juan, Carlos, Roberto y Francisco, Diana, Karen, Alejandra, Brenda y yo organizamos una visita al Museo de Cera. El papá de Francisco nos llevó hasta el museo y quedó de recogernos más tarde.

Desde que llegamos nos impresionó la casa donde se encuentra el museo, parecía haber salido de una película de terror. En la entrada, después de la puerta de cristal, se observa una litografía de Leonardo da Vinci que representa al cuerpo humano. Recorrimos cada una de las salas. Las figuras de cera parecen reales y representan a personajes de diferentes épocas. Vimos dos figuras, la de doña Irene y la de don Diego, que llevaban ropas antiguas.

Nos pusimos a inventarles diálogos, hablando como imaginamos que ellos lo hubieran hecho.

—Hermosa dama, ¿espera usted al profesor Caicuegui? ¿Estudiáis con él, como yo?

—No caballero, pero os daré una pista para que averigüéis por qué lo espero. Guau.

—¿Guau?

—Sí, y también miau.

—Señorita, ¿se burla usted? ¿El profesor le ha pedido que fastidiéis a sus alumnos?

—De ninguna manera, el profesor es mi hermano y lo espero porque ha llevado a pasear a Tiáume, nuestro perro pequinés y a Gure, nuestra gatita.

Todos nos reímos mucho y seguimos nuestra visita por el museo inventando las cosas que se dirían todas las figuras que ahí se encuentran.

2 En el texto anterior identifica las palabras que tienen tres vocales juntas y enciérralas con color. Después escríbelas en las líneas.

_____
_____
_____
_____

> Se dice que hay un **triptongo** cuando en una sílaba hay una secuencia de tres vocales.

3 Vuelve a escribir las palabras que localizaste y divídelas en sílabas.

_____   _____
_____   _____
_____   _____
_____   _____

> Los **triptongos** tienen una vocal fuerte entre dos débiles.

4 Divide en sílabas las siguientes palabras y encierra en un círculo aquellas que son triptongos.

deciais   _____

limpiéis   _____

pertenecíais   _____

contagiéis   _____

despertaríais   _____

5 Explica con tus propias palabras por qué no todas las palabras anteriores tienen triptongo.

_____
_____
_____
_____
_____
_____

Los signos de puntuación:
Uso de corchetes [ ]

1 Lee el texto.

Dentro del museo

En el recorrido por el museo encontramos objetos extraños. Todos volteamos a verlos con mucha curiosidad. Juan, Carlos, Roberto y yo nos quedamos un largo tiempo observándolos. A mí me impresionó un cuadro que contenía un recorte de periódico antiguo.

¡Nerviosos!

Basta de sufrir inútilmente, gracias a las acreditadas GRAGEAS DEL DR. SOIVRÉ que combaten sus males de una manera cómoda, rápida y eficaz.

Las grageas, más que un medicamento (que resulta agresivo para el organismo) son un alimento esencial para el cerebro. Muchas enfermedades (dolor de cabeza, vértigos, fatiga corporal, impotencia [en todas sus manifestaciones], cansancio mental, palpitaciones, trastornos nerviosos [sobre todo en las mujeres] y otros que tengan por causa agotamiento nervioso) se eliminan y se prolonga la vida.

¡Grageas milagrosas!

Fórmula balanceada para todo tipo de cabello. Fortalece el cuero cabelludo, evita la caspa y la caída del pelo.

Basta tomar un frasco para convencerse de ello. Venta a 5.50 pesetas el frasco. Pídalas en las principales farmacias (España, Portugal, Italia [por correo para el franqueo a Oficinas, Laboratorio Sokatarg] recibirán su pedido con un cargo extra de .25 pesetas).

2 En el texto anterior aparecen los símbolos [ ]; se llaman corchetes. Enciérralos con tu color favorito.

> Los **corchetes** encierran palabras u oraciones pertenecientes a enunciados más amplios, ya encerrados entre paréntesis, para hacer una precisión.

3 Copia las tres oraciones del texto periodístico en las que se usan los corchetes. Marca estos signos con otro color.

_____
_____
_____

4 Responde.

¿En qué caso se usan corchetes?
_____

¿Para qué sirven?
_____
_____

5 Escribe un enunciado en el que utilices corchetes.
_____
_____

6 Lee tu enunciado e inventa con él una nota periodística. Escríbela en el recuadro.

_____
_____
_____
_____
_____
_____
_____
_____
_____

7 Con las notas de tus compañeros y la tuya elaboren un periódico por equipo. Compartan su trabajo con otros equipos.

8 Responde.

¿Fue fácil escribir los enunciados?
_____

¿Por qué?
_____

¿Has leído textos en los que se empleen corchetes?
_____

9 Encuentra notas periodísticas donde se empleen corchetes. Pégalas en el recuadro.

Reglas ortográficas

Acento diacrítico

Las palabras monosílabas (que tienen sólo una sílaba) no se acentúan en general, pero hay algunos pares que se acentúan para marcar que no son la misma palabra y que tienen significado diferente, a esto se le llama acento diacrítico. A continuación aparece una lista de los pares más frecuentes.

Con acento gráfico	Sin acento gráfico
él (pronombre)	el (artículo)
tú (pronombre)	tu (posesivo)
mí (pronombre)	mi (posesivo)
sé (verbo *saber*)	se (pronombre)
té (planta y bebida)	te (pronombre)
sí (advervio de afirmación)	si (conjunción condicional)
más (adverbio)	mas (conjunción)

Uso de *g* y *j*

Se escriben con *g*:

- Las palabras que empiezan con *geo-*, *gest-* y *gen-*.
- Las palabras que acaban con *-gen*.
- Los verbos que terminan en *-ger* y *-gir*. (Excepto *tejer* y *crujir*.)
- Las palabras acabadas en *-gia*, *-gio*, *-gión*.

Se escriben con *j*.

- Las palabras que acaban en *-aje*, *-jero* y *-jería*.
- Las formas verbales de los verbos que acaban en *-cir* y *-jear*.

Acentuación de palabras compuestas

Las palabras compuestas **sin guión** siguen las reglas comunes de acentuación.

Las palabras compuestas **con guión** conservan la tilde de cada uno de sus componentes si la llevaban como palabras simples.

Las palabras compuestas **por un verbo y uno o varios pronombres pospuestos** siguen las normas generales de acentuación.

Las palabras compuestas **terminadas en *-mente*** mantienen el acento si la primera palabra también lo llevaba.

Uso de *x*

Se escriben con *x*:

- Todas las palabras que comienzan con *ex-*.
- Los sustantivos acabados en *-xión* que se relacionan con adjetivos terminados en *-jo* o *-xo*.

Uso de *ll* e *y*

Se escriben con *ll*.

- Las palabras que acaban en *-illa*, *-illo*, *-ullo*, *-alle*.
- Todas las formas de los verbos que terminan en *-ellar*, *-illar*, *-ullar*, *-ullir* o que llevan *ll* en infinitivo.

Se escriben con *y*:

- Las formas de los verbos que no llevan ni *y* ni *ll* en el infinitivo.
- Las palabras que llevan la sílaba *-yec-*.
- Detrás de los prefijos *-ad*, *-sub*, *-dis*.

Uso de *b* y *v*

Se escriben con *b*:

- Todas las palabras que empiezan con los prefijos *bi-*, *bis-* que significa dos.
- Los verbos acabados en *-bir* y *-buir*. Excepto *vivir*, *hervir* y *servir*.
- El copretérito de los verbos terminados en *-ar* del verbo *ir*.

Se escriben con *v*:

- Las palabras que comienzan con *-eva*, *-eve*, *-evi*, *evo-*, *vice*.
- Las palabras formadas por los prefijos *ad-* y *sub-*.
- Las formas verbales de pretérito de los verbos *andar*, *estar* y *tener*.

Uso de *c* y *cc*

Se escriben con *c*:

- Los plurales de las palabras terminadas en *z*.
- La mayoría de los verbos terminados en *-cer* y *-cir*.
- La mayoría de las palabras terminadas en *-cio* y *-cia*.

Se escriben con *cc*:

- Las palabras acabadas en *-ción* si en alguna palabra de la misma familia léxica aparece el grupo *-ct-*.

Uso de signos de puntuación

Se usan **paréntesis ( )** cuando se agregan comentarios de importancia menor dentro de un texto.

Los **dos puntos** (:) se utilizan antes de enumerar los elementos de una serie o lista.

Se usan **comillas** cuando se quiere indicar:

- Que se está citando textualmente lo que alguien más dijo.
- Que la palabra o frase se usa en sentido irónico.
- Sobrenombres o apodos.

Los **puntos suspensivos** (...) son tres puntos que se escriben:

- Para indicar que una enumeración está incompleta.
- Para mostrar misterio, duda o sorpresa...
- Para indicar que una oración no está completa.